Annelies Tock
Tapfer sein,
wie macht man das?

Annelies Tock

Tapfer sein,
wie macht man das?

Mit Zeichnungen
von Eva Raupp Schliemann

Aus dem Niederländischen
von Marie Ashauer-Schubach

anrich

Titel der Niederländischen Originalausgabe:
DAPPER ZIJN, HOE DOE JE DAT?

© Altiora Averbode 1993
DAPPER ZIJN, HOE DOE JE DAT? erschien erstmals
1993 bei Altiora Averbode, Apeldoorn

Die deutsche Übersetzung wurde ermöglicht
durch die freundliche Unterstützung
des Ministerie van de Vlaamse Gemeenschap

Alle Rechte der deutschsprachigen Ausgabe:
© 1997 Anrich Verlag GmbH, Weinheim
Einbandillustration: Eva Raupp Schliemann
Einbandgestaltung: Bayerl & Ost, Frankfurt
Satz: Satz- und Reprotechnik GmbH, Hemsbach
Druck und Bindung: Druckhaus Beltz, Hemsbach
ISBN 3-89106-286-9

Gesetzt nach der neuen Rechtschreibung

Wimmi Pimmi Hasenherz, der Junge von der traurigen Gestalt

Das Auto fährt über die Autobahn. In der Ecke auf der Rückbank sitzt Wim. Er ist sauer. Hat Angst. Ist traurig. Und noch eine Menge Dinge mehr.

„Mach nicht so ein langes Gesicht", sagt Papa.

Denn Papa kann ihn im Rückspiegel sehen.

„Vier Tage gehen schnell rum, Wim", sagt Mama.

Vier Tage, denkt Wim, die dauern eine Ewigkeit. Eine Ewigkeit muss er in Opas kleinem, dunklem Haus wohnen. Vier Nächte lang muss er in einem fremden Bett schlafen.

O ja, er ist schon oft bei Opa gewesen. Aber nicht länger als einen Sonntagnachmittag. Und noch nie alleine. Jetzt fahren Papa und Mama ein paar Tage nach Paris. Und darum muss er ganz allein, eine Ewigkeit lang ...

Er seufzt und starrt aus dem Fenster. Dunkelgrüne Büsche gleiten vorbei. Wiesen mit Kühen. Ein paar Häuser. Und noch mehr Büsche.

Hoch oben am blauen Himmel ziehen weiße Wolken. Die sehen aus wie siebenköpfige Drachen. Wie Hexen auf Besen. Wie Riesen, die Kinder fressen. Wim schaudert.

In der Stadt sehen Wolken nur wie Wolken aus. Das liegt daran, dass man in der Stadt immer nur ein kleines Stück Himmel sehen kann.

„Wir sind bald da", sagt Mama. Sie dreht sich um und lächelt ihn an. Wim tut so, als würde er es nicht sehen. Das Auto fährt von der Autobahn ab und in das Dorf, in dem Opa wohnt. Die Drachen, die Hexen und die Riesen treiben in einer langen Reihe über der Straße.

Opa wohnt am Birkenplatz. Das ist ein stilles Plätzchen mit kleinen Häusern. Solche Plätze sieht man eigentlich nur noch auf Postkarten von früher. Opa wohnt neben einem Süßigkeitenlädchen. Er steht schon am Gartenzaun und wartet. Er lacht und winkt und winkt und lacht.

Wim kämpft gegen die Tränen.

„Hei, Wim!", ruft Opa. „Da bist du ja!"

„Mmm", antwortet Wim.

Er würde lieber sagen, dass Wim nicht da ist. Dass der auch nicht kommt. Dass der lieber in eine dunkle Höhle kriechen würde um vier Tage und vier Nächte lang zu schlafen. Wie ein Bär im Winter. Aber ... es ist Sommer. Es ist warm. In den Birken auf dem Platz singen die Amseln.

„Schön, dass ihr das Fahrrad mitgebracht habt", sagt Opa. „Dann können wir zusammen nach Donkerstede radeln."

Donkerstede – der düstere Ort, denkt Wim schaudernd. Was für ein unheimlicher Name!

Papa hebt das Rad vom Dachgepäckträger. Mama trägt seinen Koffer. Sie gehen in das kleine, dunkle Haus.

„Wir können nicht lange bleiben, Vater", sagt

Mama zu Opa. „Wir müssen um sieben im Hotel sein. Und es ist noch ein ganzes Stück zu fahren."

Die Uhr an der Wand steht auf Viertel nach Vier. Es ist eine sehr alte Uhr, in einem Glaskasten.

Mit ihren Kupferpendeln tickt sie die Minuten weg.

Wim sitzt schmollend in einer Ecke des Zimmers.

Noch ein ganzes Stück zu fahren? So schnell wie möglich loswerden wollen sie ihn.

Das ist es!

Papa und Mama trinken hastig eine Tasse Kaffee.

Dann gibt Mama ihm einen Kuss. „Bis in vier Tagen, Wim!" Und so, dass niemand sonst es hören kann: „Wirst du auch tapfer sein, Wimmi?"

Papa strubbelt ihm durch die Haare und gibt ihm ebenfalls einen Kuss. Dann gehen sie raus. Papa und Mama steigen ins Auto. Wim bleibt neben Opa am Gartenzaun stehen. Sie winken, bis das Auto um eine Ecke verschwindet.

Die Wolkenriesen am Himmel sind noch größer geworden. Noch größer und noch gieriger. Als ob sie bestimmt fünfzehn Kinder auf einmal verschlingen könnten.

Mit klopfendem Herzen schaut Wim sie an. Er ist nicht tapfer. Er ist so ängstlich wie ein Häschen. Er heißt Wim de Groot. Aber er ist nicht groß und stark, sondern Wimmi Pimmi Hasenherz, der Junge von der traurigen Gestalt.

„Hast du Lust auf einen Becher Schokomilch, Wim?"

Wim nickt.

Opa setzt einen Topf mit Milch auf den Herd. Er nimmt kein Kakaopulver wie Mama. Er legt ein dickes Stück Schokolade in einen Becher. Dann gießt er kochende Milch darüber. Seine Hände zittern ein bisschen. Er hat große Hände mit vielen braunen Flecken drauf. Das kommt daher, dass er so alt ist.

Wim löffelt die dicke, geschmolzene Schokolade aus dem Becher. „Lecker", sagt er genüsslich.

„Ein Glück", sagt Opa mit einem tiefen Seufzer. „Das ist das erste Wort, das ich dich sagen höre, seit du hier bist. Weißt du, ich halte nichts von Leuten, die mir die Ohren ab-

schwätzen. Aber jetzt hatte ich doch Angst,
dass du keine Zunge hast."
Wim zieht die Schultern hoch, er ist ein biss-
chen böse. Kann er was dafür, dass er Wimmi
Pimmi Hasenherz ist?
Opa lacht. Die Falten um seine Augen tanzen.
Und das findet Wim so komisch, dass er auch
lachen muss.

Tapfer sein,
wie macht man das?

Wim liegt in dem fremden Bett. Es ist stockfinster im Zimmer. Und das macht ihm
schreckliche Angst. Weil sich in den Ecken
Drachen mit sieben Köpfen versteckt haben
könnten. Oder gemeine Hexen mit Haken-
nasen. Oder hungrige Riesen.
Wim zieht die Decke höher und steckt den
Zipfel in den Mund.
Oh, wäre er nur zu Hause!
Zu Hause kann sich selbst der allerkleinste
Drache von der ganzen Welt nicht verste-
cken. Zu Hause brennt das Nachtlicht, so
dass man in alle Ecken gucken kann. Hier ist

er allein in der tintenschwarzen Nacht. Und in der Stille.

Oh, wäre er nur zu Hause.

Er hat Sehnsucht nach seinem eigenen Bett. Und nach seinem eigenen Zimmer im zehnten Stock. Da hört man den Fernseher der Nachbarn. Und die Stöckelschuhe von der Frau obendrüber. Da hört man den Aufzug rauf und runter fahren und die Autos, wenn sie hupen. Da weiß man, dass man auf gar keinen Fall allein ist.

Wäre es wenigstens nicht so dunkel!

Soll er das Licht anmachen? Dann muss er aus dem Bett raus und durch die Dunkelheit zum Schalter gehen. Der ist neben der Tür. Er kriecht unter der Decke hervor. Stocksteif und still bleibt er auf der Bettkante sitzen. Er wartet darauf, dass eine Hexe ihre knochige Hand in seinen Nacken legt. Er wartet darauf, dass eine Drachenschnauze an seinen Haaren zu knabbern beginnt. Dass ein hungriger Riese ihm den Kopf abbeißt. Er wartet und wartet ... aber nichts passiert.

Wird er endlich mal tapfer sein?

Wim steht auf. Er tappt durch das dunkle Zimmer.

Plötzlich weiß er nicht mehr, in welche Richtung er gehen muss. Er ist verloren, völlig verloren in der Dunkelheit. Tapfer sein … wie macht man das? Das hat Mama ihm nicht gesagt.

Er tastet sich durch das Dunkel. Er geht noch ein Schrittchen nach vorne, tritt auf seinen Hausschuh und stolpert. Er stößt gegen den Stuhl und der Stuhl fällt um. Dann hört er eilige Schritte.

Opa macht die Tür auf und das Licht an. Wim rappelt sich auf.

„Herrschaftszeiten, Wim, bin ich erschrocken! Was machst du denn?"

„Ich bin hinge-hingefallen", stottert Wim.

Opa stellt den Stuhl wieder hin und fragt: „Bist du aus dem Bett gefallen?"

Wim nickt.

Opa glaubt ihm nicht. Das sieht Wim an seinem Gesicht. Wenn man acht Jahre ist, fällt man doch nicht mehr so einfach aus dem Bett.

Er krabbelt wieder unter die Decke.

„Ich wollte das Li-Licht anmachen", flüstert er. „Zu Hause schlafe ich immer mit einem Lä-Lämpchen an."

„Oh, hättest du das mal gesagt! Da weiß ich was." Opa macht das Licht aus. Jetzt ist es wieder stockfinster! Hat er Wim nicht richtig verstanden? Aber dann zieht er die Vorhänge auf. Silbernes Mondlicht strömt herein, in alle Ecken des Zimmers. Rund um den Mond funkeln Sterne.

„Hast du Angst im Dunkeln, Wim?"

„J-ja, Opa."

Und wenn er Angst hat, stottert er.

„Oh", sagt Opa. Mehr nicht.

Zu Hause sagen Mama und Papa, dass er keine Angst haben muss, weil im Dunkeln überhaupt nichts ist. Er bildet sich nur ein, dass da etwas ist. Drachen und Hexen und Riesen. Aber die sind nur in seinem Kopf, sagen Papa und Mama.

Wim holt tief Luft. Dann sagt er:

„Ich weiß auch, dass es die Hexen und Riesen und Drachen nicht gibt. Und Trolle und Gespenster auch nicht. Aber ich hab trotzdem Angst davor. Ich hab auch Angst vor Spinnen und Mäusen und Krokodilen und Sturm und Gewitter und Wolken und … und vor unheimlich vielen anderen Dingen. Jetzt weißt du es."

„Ja, jetzt weiß ich es", sagt Opa. „Aber warum hast du Angst vor den Wolken? Die sind doch so weit weg von dir."

„Weil Wolken manchmal wie Riesen aussehen. Oder wie Drachen oder Hexen. Und manchmal muss ich dann an Trolle und Gespenster denken. Darum. Wolken sind einfach nur Wolken, sagen Papa und Mama dann. Wolken entstehen, wenn der Regen auf der Erde verdampft."

„Ich denke, wenn ich Wolken sehe, an ganz andere Dinge", sagt Opa.

„An was denn?"

„Das erzähle ich dir morgen, Wim. Es ist mitten in der Nacht und ich will noch eine Runde schlafen."

Opa gähnt.

Wim gähnt auch.

Opa schließt die Tür und da liegt Wim wieder, ganz allein in dem fremden Bett. Er schaut zum Mond und zu den Sternen.

Schön!

Der Mond sieht aus wie eine silberne Christbaumkugel. Und die Sterne … die Sterne wie die brennenden Kerzen im Christbaum.

In der Stadt sieht man das nicht so gut. Da ist

es auch nicht so dunkel wie in Opas kleinem Dorf.

Wim wohnt mit Papa und Mama im zehnten Stock. Das ist viel näher am Mond als Opas Haus. Und trotzdem ... trotzdem ist man da viel weiter weg vom Mond als hier. Hier kann man ihn beinah anfassen! Wahrscheinlich hält der Mond mehr von stillen Dörfern als von Städten.

So still ist es ... alles schläft. Auch die Amseln in den Birken. Eine Wolkenkette schiebt sich vor den Mond. Aber es bleibt schön hell im Zimmer. Der Mond zwinkert ihm zu. Und die Sterne – oder sind es Flämmchen? – flackern ... an und aus ... und an ... und ... aus ...

Wim schläft.

Wolkenriese und Wolkenschiff

Wim und Opa sind im Garten. Opa zieht das
Unkraut zwischen den Margeriten aus. Einen
ganzen Garten voller Margeriten hat er und er
arbeitet jeden Tag darin.
„Wenn ich Wolken sehe, denke ich an Aben-
teuer", sagt Opa.
Wim schaut in den Himmel.
Blau, mit weißen Wolken. Wolken wie Riesen,
Wolken wie Hexen, Wolken wie Drachen.
„Was für Abenteuer, Opa?"
„Tja, ich bin schon siebenundsiebzig Jahre.
Und wenn man so alt ist wie ich, muss man
einfach abwarten, welche Abenteuer einem
unterwegs begegnen, Wim."

Opa stützt sich auf den Rechen und schaut in die Weite.

„Als ich so alt war wie du, gab es immer eine Wolke, die mich an ein Pferd denken ließ", sagt er.

„An ein Pferd?"

Opa zeigt auf eine Wolke über dem Dach seines Hauses.

„Das ist ein Riese", murmelt Wim.

Ein böser Riese ist das, der mit schwingenden Fäusten über den Himmel treibt. Ihm folgt ein dreiköpfiger Drache.

Kommt das durch den Wind? Der Drache überholt den Riesen. Und dann ist kein Drache mehr zu sehen. Auch der Riese ist verschwunden.

Hoch oben über dem Dach von Opas Haus ist nur noch … ein Pferd. Ein sich aufbäumendes Pferd mit einem langen Schweif und wehender Mähne.

„Ich sehe es", sagt Wim.

„Jedes Mal, wenn ich das Pferd gesehen habe, wollte ich Cowboy werden und über die Prärie reiten", erzählt Opa.

„Ein Cowboy muss sich eine ganze Menge trauen."

„Und ob! Reiten und unter Wasser schwimmen und auf Felsen klettern …“

„Bist du Cowboy geworden, Opa?“

„Ach, nein, das Abenteuer musste ich mir aus dem Kopf schlagen, weil mein Vater wollte, dass ich was lerne. Und als ich damit fertig war, habe ich Anna geheiratet. Dann haben wir fünf Kinder bekommen.“

„Siehst du immer noch Pferde am Himmel, Opa?“

„Nein. Jetzt sehe ich Segelboote.“

Sie schauen wieder zu den Wolken. Das Pferd über Opas Haus ist verschwunden. Jetzt segelt ein Boot vorbei. Und alle anderen Wolken sind kleine, weiße Inseln in einem blauen Meer.

„Was ist damit, Opa?“

„Immer, wenn ich so ein Wolkenschiff gesehen habe, habe ich zu Anna gesagt: ‚Wenn die Kinder groß sind, kaufen wir uns ein Boot und dann machen wir zusammen eine Reise auf dem Nil.‘ Das schien mir ein sehr schönes Abenteuer. Der Nil ist in Ägypten. Weißt du das?“

Wim nickt.

Den Rest der Geschichte kennt er auch. Als

22

die Kinder erwachsen waren und Opa pensioniert worden war, ist Oma krank geworden. Deshalb hat Opa kein Boot gekauft. Er ist in dem Haus am Birkenplatz geblieben und hat sich um Oma gekümmert.

Ein Abenteuer hat Opa nicht erlebt. Nur in seinen Träumen.

„Im Nil leben Krokodile, Opa. Hast du schon von Krokodilen gehört?"

„Ach, ich hab nichts gegen Krokodile. Aber auf den Schoß nehmen würde ich sie auch nicht gerade."

„Ich hab mal geträumt, dass ein Krokodil im Schwimmbad lag. Es hat furchtbar geschielt und scharfe Zähne gehabt."

„Du guckst zuviel Fernsehen, Wim! Und wenn du mit dem Boot über den Nil fahren willst, darfst du nicht vergessen, einen Knüppel in deinen Koffer zu packen. Damit kannst du allen Krokodilen eins auf den Kopf geben. Davon sterben sie nicht. Davon sehen sie nur Sternchen. Und wenn sie damit beschäftigt sind, die Sternchen zu zählen, vergessen sie meistens, dass du ein leckeres Häppchen bist." Opa beugt sich wieder über die Blumen. Sie schaukeln sanft im Wind. Opa pflückt drei

Margeriten ab. Ein Schmetterling tanzt um seinen Kopf.

„Anna war verrückt nach Margeriten", sagt er leise.

Zusammen gehen sie über den Gartenweg, Opa und Wim. Sie denken nicht mehr an Krokodile. Sie schauen nicht mehr zu den Wolken. Sie schauen auf die Blumen in Opas Hand. Drinnen stellen sie sie in die braune Vase neben Omas Foto.

„Ich spreche noch oft mit Oma", sagt Opa. „Wenn es still ist im Haus, kann sie alles hören, was ich sage."

Das ist schön, denkt Wim.

Siebenundsiebzig Jahre
in einem Buch

Opa hat keinen Fernseher.

„Was soll ich denn damit? Er macht zu viel Lärm. Das Einzige, was mich interessiert, ist der Wetterbericht. Und dafür hab ich meine Hühneraugen."

Das sind die Hubbel auf Opas Zehen. Die stechen, wenn es Regen gibt.

„Im Fernsehen kann man jede Menge Sachen sehen, Opa."

„Auf Fotos auch. Fotos sind interessanter. Da sind Menschen drauf, die man kennt."

Opa holt ein Album aus dem Schrank. Sie

schieben ihre Stühle an den Tisch. Opa schlägt das Album auf.

Ein bräunliches Foto von einem Mann und einer Frau füllt fast die ganze erste Seite aus. Die Frau trägt ein langes Kleid mit einem hochgeschlossenen Kragen. Sie sitzt steif auf einem Stuhl. Daneben steht der Mann in einem Nadelstreifenanzug. Seine eine Hand liegt auf der Lehne. In der anderen hält er einen Hut. Todernst sehen sie aus.

„Das sind meine Eltern", sagt Opa.

„Und meine Urgroßeltern", sagt Wim.

Danach schauen fünfzehn Augenpaare sie an. Auf dem Bild sind der Vater und die Mutter, die zwölf Brüder und Schwestern von Opa, und Opa. Die Mädchen tragen Spitzenkleider und die Jungen braune Anzüge und Schnürstiefel. Keiner lacht.

„Weißt du, welcher ich bin, Wim?", fragt Opa.

„O ja!"

Opa war der Jüngste von den dreizehn. Und er sitzt auf dem Schoß von seiner Mutter.

Auf dem nächsten Bild ist Opa schon etwas größer. Er hat einen Matrosenanzug an.

„Warum lachst du nicht, Opa?"

„Weil ich Angst habe, Wim."

„Angst?"

„Ein Foto machen war damals noch ein ziemliches Theater. Der Fotoapparat stand auf drei hohen Beinen. Ein langes, schwarzes Tuch hing darüber. Der Fotograf kroch unter das Tuch um den Apparat einzustellen. Und jedes Mal, wenn das schwarze Tuch sich bewegte, dachte ich, dass ein Teufel rauskrabbeln würde."

„Teufel gibt's doch gar nicht, Opa!"

„Teufel gibt's nicht. Genauso wenig wie Riesen und Hexen und Drachen. Und trotzdem hatte ich Angst davor."

Wim schüttelt den Kopf.

War Opa wirklich ein Angsthase? Er kann es kaum glauben. Und jetzt will er Krokodilen mit einem Knüppel auf den Kopf hauen.

Es gibt auch ein Bild von dreißig Jungen in dunklen Jacken. Daneben steht ein Lehrer mit einem großen Schnurrbart. Er ist streng, das sieht man gleich. Deshalb lacht auch keiner der Jungen.

„Da war ich noch nicht so alt wie du jetzt, Wim."

Opa zeigt auf ein Kerlchen in der ersten Reihe. Der sieht überhaupt nicht wie ein tapferer Cowboy aus.

„Warst du als Junge wirklich ein Angsthase, Opa?"

„Das war ich."

„Aber jetzt bist du das nicht mehr."

„Ach, Menschen werden älter und verändern sich. Jeden Tag ein bisschen. Und das hört nie auf."

Seite für Seite blättert er um. Es raschelt leise. Sonst hört man nichts. Es ist still. Fast ist es, als wäre in diesem Zimmer die Zeit zurückgedreht.

Die Fotos sind bräunlich. Mit jedem Foto wird der Angsthase mehr und mehr zu einem mutigen Jungen.

An einem Foto bleiben Opas Augen lange hängen. Er lächelt und hat wieder Fältchen um die Augen. Es ist das Hochzeitsfoto von ihm und Oma. Sie trägt ein langes, braunes Kleid und hält einen Strauß Margeriten in den Händen. Opa hat eine Margerite in sein Knopfloch gesteckt.

Dann blättert Opa weiter.

„Das ist deine Mama", sagt er plötzlich.

Jetzt lächelt Wim.

Auf dem Bild ist Mama noch ein Baby. Sie liegt auf einem Schaffell auf dem Bauch. Sie hat eine Locke oben auf dem Kopf. Das Foto ist nicht mehr braun, sondern schwarzweiß. So, wie Opa der Jüngste von dreizehn war, war Mama die Jüngste von fünf. Auf den anderen Fotos erkennt Wim seine Tanten und Onkel. Aber da waren sie noch nicht so alt wie er. Sie lachen. Sie sitzen in Karussells. Sie essen Kuchen. Sie gucken auf den Weihnachtsbaum. Sie spielen am Strand. Und sie picknicken alle zusammen unter einem Baum.

„Das war in Donkerstede", sagt Opa.

Da ist das unheimliche Wort wieder.

„Do-Donkerstede", flüstert Wim schaudernd.

„In Donkerstede war ein kleines Schloss", sagt Opa. „Da haben wir manchmal Picknick gemacht. Du und ich, wir sollten da mal zusammen hinradeln."

Das allerletzte Foto ist in Farbe. Mama sitzt auf einer Parkbank. Sie hat ein langes, weißes Kleid an und Blumen im Haar. Neben ihr steht Papa mit einer weißen Rose im Knopfloch. Er hält Mamas Hand, als ob er sie nie mehr loslassen möchte. Beide lachen ihn an.

„Als ob sie mich kennen würden", sagt Wim.
Opa klappt das Album zu und seufzt. Seine
Hände zittern ein bisschen.
Siebenundsiebzig Jahre in einem Buch, denkt
Wim.
Und doch ist kein einziges Bild von einem
weißen Pferd in der Prärie dabei. Oder von
einem Boot auf dem Nil.

Eine Welt voller Geheimnisse

Opa holt sein Rad aus dem Schuppen. Ein
Koloss von Fahrrad ist das. Pechschwarz, mit
dicken Reifen und einem Klotz von Klingel.
Eine ohrenbetäubende Klingel. Wenn die er-
tönt, trauen die Amseln in den Birken sich
nicht mehr weiterzusingen.
„Das ist ein Fahrrad von früher", sagt Opa
stolz. „Das kann ein paar Stöße aushalten.
Jetzt machen sie nur noch Schrotträder." Er
drückt die Reifen von Wims rotem Rad.
„Mmm … schöne Farben haben sie. Das
schon. Komm, wir radeln nach Donkerstede,
Wim."
Opa schwingt ein Bein über den Sattel. Fröh-

lich strampelt er los. Niemand traut sich an ihm vorbei. Sogar auf der belebten Dorfstraße fährt er in der Mitte. Ab und zu hupt ein wütender Autofahrer. Aber das kümmert Opa nicht. Sie fahren aus dem Dorf und über die Brücke. Dann steigt Opa ab. Er holt einen Riegel Schokolade aus seiner Tasche und bricht ihn in der Mitte durch. Schokolade mit Bananengeschmack. Die mag Opa am liebsten. Sie essen jeder einen halben Riegel.

„Entdeckungsreisende sind hungrige Menschen, Wim", sagt Opa. „Los, Wim, fahren wir weiter."

Wim sagt nichts. Er fühlt sich auf einmal gar nicht gut. Das kann doch nicht gut gehen auf einem Schloss, das Donkerstede heißt.

Sie biegen in einen kleinen Seitenweg ein. Er schlängelt sich zwischen eingezäunten Weiden und Maisfeldern durch. Es ist kein Weg für Autos. Noch nicht mal für Motorräder. Es ist ein alter, vergessener Pfad von früher. Es steht auch nirgends ein Wegweiser. Am Himmel ziehen die Wolken mit ihnen mit. Wolken, die wie böse Könige aussehen.

Wim kann fast nicht hinschauen. Das sind natürlich die Könige von Donkerstede. Die mögen keinen Besuch. Die sperren achtjährige Jungen in dunkle Kerker.

Oh, wäre er nur ein Bär! Dann könnte er in eine Höhle kriechen, weit weg von Donkerstede.

Nach einer halben Stunde steigt Opa wieder ab.

„Hier ist es, Wim."

Aber Wim sieht nichts außer einem furchtbar dunklen Wald.

„Wo ist das Schloss, Opa?"

„Da!"

Wim stellt sich auf die Zehenspitzen und guckt zwischen den Bäumen hindurch. Dann sieht er, nicht sehr weit entfernt, das Schloss.

Schloss? Es sieht mehr aus wie ein großes Haus mit einem Tor. Die Türen sind morsch und brüchig und vom Dach sind Ziegel heruntergefallen. Die Fenster hängen schief in den Angeln. Donkerstede ist ein geheimnisvoller Ort.

„Gehen wir näher ran, Wim?"

„Das ge-geht doch nicht, Opa", stammelt Wim mit einer Gänsehaut auf den Armen.

Der Wald um Donkerstede ist mit Stacheldraht eingezäunt. Davor ist ein breiter Graben voll Wasser. Früher war da mal eine Brücke. Aber die ist ins Wasser gesackt. Nur das rostige Geländer ragt heraus. Das Gittertor auf der anderen Seite ist mit einem riesigen Vorhängeschloss verschlossen. Ob wohl noch jemand weiß, wo der Schlüssel ist?

Opa legt sein Rad ins Gras.

„Hast du Angst, Wim?"

Natürlich hat er Angst. Wimmi Pimmi Hasenherz!

Aber um keinen Preis bleibt er hier alleine. Deshalb legt er sein rotes Fahrrad neben Opas schwarzes Rad und läuft ihm mit zitternden Beinen hinterher. Aus dem schwarzen Wasser taucht der spitze Kopf einer Ratte auf. Sie taucht mit einem Platsch wieder unter. Sonst hört man nichts.

Opa und Wim laufen auf dem schmalen Streifen zwischen dem Graben und dem Weidezaun.

Hinter dem Zaun steht ein mächtiger Ackergaul. Wim fühlt sein Herz schlagen. Er mag Pferde nicht. Sie sind so groß. Sie sind sehr stark. Und man weiß nie, was sie denken. Dieses Pferd ist auch noch neugierig. Es schnuppert in seinem Nacken. Darüber erschrickt

Wim so sehr, dass er mit einem Fuß ins Wasser rutscht. Mit einem Schrei springt er zurück. An seinem Fuß hängt ein Klumpen Entengrütze.

„Entdeckungsreisende machen immer so was mit", sagt Opa.

Der hat gut reden. Der ist ein tapferer Mann. Der würde Krokodilen mit Knüppeln auf den Kopf hauen. Er hat keine Angst vor Pferden. Und auch fast nicht vor Ratten.

Ein Ahorn ragt schräg über den Graben. Unter seiner breiten Krone liegt ein Baumstamm wie ein Steg über dem Wasser. An seinem oberen Ende ist der Stacheldraht durchgekniffen.

„Wohnen hier noch Könige, Opa?", flüstert Wim.

„O nein. Vor langer Zeit lebten hier die Grafen von Donkerstede. Das waren keine Könige. Das waren Ritter, die in fernen Ländern auf Raubzüge gingen. Sie kamen mit Diamanten zurück und Gold und Juwelen. Aber der letzte Graf ließ das Gut verkommen. Er wachte Tag und Nacht nur über den Schatz. Als er starb, sagte jeder, dass die Juwelen noch in Donkerstede verborgen wären. Viele Men-

schen sind hergekommen um danach zu su-
chen. Aber niemand hat was gefunden."
Wim holt tief Luft. Er blickt um sich. Nein,
niemand da, der ihn hören kann. Er flüstert:
„Könnte … der Schatz dann noch hier sein,
Opa?"

In der stillen Welt
von Donkerstede

Opa zieht die Augenbrauen zusammen.
„Das weiß ich nicht, Wim. Als der letzte Graf
gestorben ist, wurde Donkerstede Eigentum
der Stadt. Der Bürgermeister zog in das
Schloss ein. Den Garten machte er zu einem
öffentlichen Park. Aber als der Bürgermeister
schließlich auch starb, hat sich niemand mehr
um Donkerstede gekümmert."
„Aber es gibt den Schatz, Opa?"
„Wahrscheinlich ist es mit Schätzen so wie mit
Abenteuern. Du musst daran glauben. Wenn
du daran glaubst, gibt es sie auch."
Opa greift nach einem Ast des Ahorns und

steigt auf die Baumstammbrücke. Sie schaukelt auf dem schwarzen Wasser. Zwei, drei Schritte ... dann steht er auf der anderen Seite. Durch die Blätter fallen Sonnenstrahlen auf seinen Kopf und seine Schultern.

„Komm", sagt er.

„Ich tr-trau mich nicht", stottert Wim. „Vielleicht sind Pi-Piranhas im Wasser. Das sind gefährliche Be-Bestien. Die knabbern das Fleisch von deinen Kno-Knochen."

Piranhas! würden Mama und Papa sagen. Die leben in den tiefen Flüssen in Brasilien, nicht hier, Wimmi Pimmi.

Aber Opa sagt: „Vielleicht sitzen auch Krokodile drin, Wim. Genau wie im Schwimmbad, weißt du noch? Wie in deinem Traum."

Wim zieht die Schultern hoch.

Hier leben keine Krokodile. Und auch keine Piranhas. Das weiß er genau. Aber Ratten ... die gibt es hier!

„Du hast keinen Knü-Knüppel, Opa."

Opa macht eine Faust. Eine Riesenfaust.

„Siehst du das, Wim? Wenn ein Monster seinen Kopf aus dem Wasser streckt, gebe ich ihm einen Schlag, dass es tausend Sternchen sieht."

Darüber muss Wim lachen. Wenn ein Monster tausend Sternchen zählen muss, wird es damit in tausend Jahren nicht fertig!

Wim greift nach dem Ahornast. Er setzt einen Fuß auf den Baumstamm, kneift seine Augen zusammen und streckt die andere Hand nach Opa aus. Ein, zwei Schritte, und dann nimmt Opa ihn mit in die stille Welt von Donkerstede.

„Ich b-bin drüben."

„Natürlich bist du drüben!"

Eine angenehme Aufgeregtheit krabbelt durch seinen Bauch. Das hätten Papa und Mama sehen müssen!

Zusammen gehen sie in den Wald, Opa und Wim. Wenn Opa dabei ist, muss er keine Angst vor den dunklen Schatten zwischen den Bäumen haben. Und auch nicht vor dem Flüstern des Windes in den Zweigen. Selbst vor den weißen Blütenkelchen der Zaunwinde nicht, obwohl ihn die an Spuklichter erinnern. Am Waldrand bleiben sie stehen.

Da ist das Schloss. Disteln und Brennnesseln wachsen drumherum.

Wenn man an Schätze glaubt, dann ist so ein Schloss genau der richtige Ort, wo sie verborgen sein können. Die Farbe blättert von den Fensterrahmen. Die Mauern haben Risse. Die unteren Fenster sind mit Brettern vernagelt. Im Obergeschoss sind sie dunkel von Dreck. Also wird drinnen ewige Nacht herrschen. Und in den Turmfenstern ist kein Glas mehr.

„Früher war hier ein schöner Garten", erzählt Opa. „Hier blühten Tulpen und Lilien und Anemonen."

„Auch Margeriten, Opa?"

„Margeriten auch. Aber nicht so schöne wie in meinem Garten. Die Margeriten von Donkerstede waren richtig mickrige Margeriten."

Auf der anderen Seite der Wiese steht ein Baum. Ein Baum, der an einen König erinnert. Er ist groß und mächtig und trägt eine rotbraune Blätterkrone.

„He, das ist der Baum von dem Foto!"

Opa nickt.

„Als Donkerstede noch ein öffentlicher Park war, kamen wir oft hierher picknicken, Anna, ich und die Kinder. Ich fand es ein schönes Plätzchen um von Abenteuern zu träumen. Und manchmal hab ich von dem Boot erzählt, das wir kaufen würden. Und vom Nil und was wir unterwegs alles sehen würden."

42

Wim nimmt Opas Hand. Er ist plötzlich ein bisschen traurig, dass Opa immer nur Lust auf Abenteuer hatte. Aber nie eins richtig erlebt hat.

Hand in Hand gehen sie durch das hohe Gras, durch die Disteln und Brennnesseln zu dem Baum. Unter seiner breiten Krone steht ein rundes Gebäude.

„Das ist der Pavillon", sagt Opa. „Wenn die Grafen und Edelfrauen von ihren Spaziergängen kamen, haben sie hier Tee getrunken."

Der Pavillon besteht aus einem runden Zimmer. Das Dach ist eine Kuppel mit einer verrosteten Kugel obendrauf. Fenster gibt es nicht mehr und die Tür ist auch weg. Der Boden ist aus Holz und zwischen den Brettern wächst Unkraut.

Trotzdem ist es ein richtig schönes Häuschen. Wim kann sich genau vorstellen, wie es früher war. Da sah man durch die glänzenden Fensterscheiben drinnen den Grafen und die Damen sitzen, die Tee aus dünnen, kostbaren Tässchen tranken.

„Weißt du, was ich gerne machen würde?"

„Was denn, Wim?"

„In Donkerstede picknicken. Wie früher."

Ein Opa ist auch
nur ein Mensch

Das Haus auf dem Birkenplatz riecht nach frischen Brötchen.

„Heute gehen wir picknicken", sagt Opa. „Ich habe beim Bäcker eine Menge leckere Dinge gekauft."

Es gibt nicht nur frische Brötchen mit Schinken. Es gibt auch Windbeutel und Rosinenbrötchen. Opa füllt die Thermoskanne mit heißem Hagebuttentee. Sie packen alles in die Einkaufstasche. Dann gehen sie nach draußen um nach den Fahrrädern zu sehen.

Als Wim zum Himmel schaut, kribbelt es wieder vor Aufregung in seinem Bauch. Die

Wolken sehen aus wie Sahnetorten. Aber auch wie Gräfinnen mit Schleppenkleidern und wie tapfere Ritter auf Pferden. Und die kleine, bauschige Wolke über dem Birkenplatz ... das ist ein zitterndes Krokodil.

Das hat von Opa einen tüchtigen Schlag auf den Kopf bekommen.

Es sind richtige Abenteuerwolken.

„Auf dem Speicher habe ich noch eine alte Decke", sagt Opa. „Die können wir ins Gras legen. Dann können die Ameisen uns nicht in die Pobacken beißen. Warte eben, ich bin gleich wieder da."

Opa stellt die Tasche auf die Fensterbank des Schuppens und geht nach drinnen. Bis zum Rand ist die Tasche mit leckeren Sachen gefüllt. Was hat er doch für einen tollen Opa.

Soll Wim ihn auch einmal überraschen? Er hat noch ein paar Münzen in der Hosentasche. Nicht genug für eine Sahnetorte, aber immerhin ...

Wim rennt den Gartenweg entlang. In den Birken auf dem Platz zwitschern fröhlich die Amseln. Es zieht ihn regelrecht in das Süßigkeitenlädchen. Ein Geschäft wie früher ist das, klein und dunkel. Auf der Ladentheke stehen Gläser voll mit Süßigkeiten. Die Frau in dem Geschäft ist so alt wie ihr Laden. Sie hat tausend Fältchen im Gesicht.

„Bist du der Enkel von Willem van Dijk?", fragt sie mit einem dünnen Stimmchen.

„Ja. Woher weißt du das?", fragt Wim zurück.

„Du siehst ihm ähnlich!"

Vor Verwunderung fällt ihm die Kinnlade runter. Wimmi Pimmmi Hasenherz, der Junge von der traurigen Gestalt, der soll wirklich wie sein starker Opa aussehen?

Kurz darauf verlässt er den Laden wieder. Er hat eine Tafel Schokolade mit Bananengeschmack in seiner Tasche. Als er den halben Gartenweg hinter sich hat, bleibt er stocksteif stehen. Oben auf der Tasche mit den Leckereien sitzt … eine Katze. Eine gestreifte Katze. Wie ein kleiner, hungriger Tiger sieht sie aus. Mit einem Auge belauert sie Wim. Unterdessen knabbert sie an einem Schinkenbrötchen.

„Weg!", brüllt Wim.

„Weg, du Biest!"

Das ist Opa. Er stürzt nach draußen. Beinahe stolpert er über einen Zipfel der Decke. Die

Katze springt von der Tasche. Die Tasche wackelt und fällt von der Fensterbank. Mit einem Knall zerbricht die Thermosflasche. Kleine Bäche von Hagebuttentee fließen über den Gartenweg. Und die Katze springt elegant über die Hecke.

„Warum warst du nicht hier?", fragt Opa brummig. „Ich habe dir doch gesagt, dass du aufpassen sollst!"

Wim hat Opa noch nie böse gesehen. Vor Schreck kann er gar nichts sagen.

„Feg die Scherben zusammen", sagt Opa. „Dann gibt es eben keinen Hagebuttentee. Ich hole eine Flasche Limonade aus dem Keller."

Wim fegt die Scherben zusammen. Wenig später kommt Opa wieder nach draußen. Er sieht immer noch böse aus. Er wirft das Brötchen über die Hecke und schreit: „Jetzt friss es auch ganz auf, du blöde Mistkatze!"

„J-Ja", stottert Wim. „D-das ist echt 'ne du-dumme Mistkatze!"

Opa brummelt vor sich hin. Er stopft die Limonadenflasche in die Tasche. Die Tasche hängt er an den Lenker. Dann fahren sie den Gartenweg entlang, über den Birkenplatz, in die Dorfstraße.

Opa ist immer noch böse. Man sieht es an seinem Rücken. Er strampelt, als ob sein Leben davon abhinge. Das Fahrrad knarrt. Wie ein alter Schaukelstuhl.

Die Wolken erinnern Wim nicht mehr an ängstliche Krokodile. Sie sehen auch nicht mehr aus wie tapfere Ritter auf Pferden. Sie erinnern ihn an Riesen, die nichts lieber wollen als Kinder auffressen. Und alle Wolkenriesen sehen aus wie Opa.

Sehr schnell sind sie an der Hecke von Donkerstede. Opa legt sein Fahrrad ins Gras. Er packt die Tasche und die Decke und stapft zwischen Graben und Zaun entlang. Wim geht hinter ihm her.

Das Pferd steht am anderen Ende der Weide und traut sich nicht, näher zu kommen.

Opa stapft einfach weiter und dreht sich nicht um.

Da ist der Baumstamm-Steg!

Opa will ihm bestimmt nicht helfen! Und allein traut er sich nicht rüber. Am besten wäre, er würde gleich weglaufen. Und sich eine Höhle suchen um hineinzukriechen. Genau wie ein Bär im Winter.

Wim bleibt stehen.

Und als ob Opa das gespürt hätte, bleibt er auch stehen. Mit dem Rücken zu ihm.

„B-bist du immer noch böse, Opa?"

Opa dreht sich um. Seine Gewittermiene verschwindet. Ganz langsam. Als ob er noch ein bisschen darüber nachdenken müsste, ob er noch böse ist. Dann sagt er: „Du hast Glück, Wim! Ich kann nicht hundert Jahre wegen so einer dummen Katze böse sein."

„Ich war im Süßigkeitenladen um Schokolade zu kaufen", sagt Wim. „Schokolade mit Bananengeschmack."

Er holt die Tafel aus der Tasche. Durch die Wärme ist sie weich und klebrig.

Opa kommt näher. Ein leises Lächeln spielt um seinen Mund. Und als die Fältchen um seine Augen erscheinen, weiß Wim, dass alles wieder gut ist.

„Ach", sagt Opa. „Ein Opa ist auch nur ein Mensch. Und Menschen sind manchmal böse."

„Ja", sagt Wim. „Aber eigentlich ... eigentlich mag ich Limonade lieber als Hagebuttentee."

Ein Stückchen blauer Himmel
im Gras

Wim und Opa breiten die Decke im Gras unter der Buche aus.

Sie packen alle leckeren Sachen aus. Dann setzen sie sich hin und schlemmen. Frische Brötchen mit Schinken, Windbeutel, Rosinenbrötchen und Schokolade mit Bananengeschmack. Und jeder trinkt eine halbe Flasche Limonade.

„Ich wette, dass du jetzt nicht mehr Papp sagen kannst", sagt Opa schnaufend.

„Papp", sagt Wim kichernd.

Er hat genug für drei Tage gegessen. Aber

jetzt, wo Opa nicht mehr böse ist, fühlt er sich leicht und froh.

„Ich werde ein Nickerchen machen", sagt Opa gähnend. Er lehnt sich an den Baum. Er macht die Augen zu. Der Kopf sackt ihm auf die Brust und er schläft sofort ein. Er schnarcht leise.

Vorsichtig, um Opa nicht aufzuwecken, kriecht Wim davon. Die Wolken sehen nicht mehr wie Sahnetorten aus. Und auch nicht mehr wie Riesen. Nein, sie sehen aus wie … ja, wie die Ritter von Donkerstede. Auf schnellen Pferden reiten sie am Himmel entlang. Sie schwingen ihre Fäuste. Sie rufen: „Was machen die Eindringlinge in Donkerstede?" Ihre Stimmen schallen durch die Luft.

Wim bekommt ein bisschen Angst. So große Angst, dass er am liebsten wie ein Bär in eine Höhle kriechen würde. Warum wacht Opa nicht auf von dem Geschrei? Aber dann fühlt er sich wieder etwas mutiger. Die Stimmen … die sind nicht echt. Das sind nur ängstliche Gedanken.

Wim holt tief Luft und streckt den Reitern die Zunge raus. Und er zeigt ihnen auch noch eine lange Nase.

Das Gras wiegt sich im Wind. Über den Disteln flattern Schmetterlinge. Manchmal setzen sie sich auf die lilafarbenen Distelblüten um auszuruhen. Es gibt braune Schmetterlinge und weiße, gelbe und blaue …
Und blaue?
Etwas Blaues schimmert zwischen den Disteln. Ein Schmetterling ist das nicht. Es ist ein blauer Stein an einer goldenen Kette.
Wim kneift seine Augen zusammen. Vielleicht bildet er sich das nur ein? Als er seine Augen wieder aufmacht, ist der Stein immer noch da. Er glänzt in der Sonne und ist genauso blau wie der Himmel. Die Disteln kratzen an seiner Hand. Als ob sie den schönen Stein nicht hergeben wollten. Wim spürt es nicht. Ein schwarzweißer Vogel fliegt haarscharf über seinem Kopf vorbei. Wim schaut nicht hoch. Vorsichtig holt er die Kette mit dem Stein aus den Disteln.
„Opa!", ruft er.
Opa schreckt auf.
„Guck mal!", schreit er. „Guck doch mal, Opa!"
Vor Aufregung bleibt ihm auf einmal die Luft weg.

Opa fallen fast die Augen aus dem Kopf.
„Donnerwetter! Wo hast du das gefunden?"
„Zwischen den Disteln!"
Opa hebt die Kette hoch. Der Stein glitzert in der Sonne.
„Ein Saphir", sagt Opa flüsternd. „Ein Saphir an einer goldenen Kette."
„Was ist ein Saphir, Opa?"
„Ein blauer Edelstein, Wim. Man sagt, wer einen Saphir trägt, findet immer Hilfe. Und wenn er sich verirrt, findet er immer wieder den Weg nach Hause."
Wim ist sprachlos.
Opa legt den Stein hin.
Er ist so schön!
Als ob ein Stückchen blauer Himmel ins Gras gefallen wäre.
Und dann …
Dann stürzt sich ein blitzschneller Vogel vom Himmel, schwarzweiße Flügel, stechende Augen, ein langer Schnabel … und der blaue Stein verschwindet in der Luft.
„Eine Elster!", brüllt Opa.
„Dieb!", kreischt Wim. „Mein Stein! Gib meinen Stein zurück!" Sie springen auf. Sie rufen und fuchteln mit den Armen. Aber die

Elster hält die Kette fest im Schnabel. Sie fliegt zu den Schlosstürmen. Durch eine Fensteröffnung hüpft sie hinein.

„Sie ist mit meinem Stein abgehauen", flüstert Wim.

Seine Unterlippe zittert. Am liebsten würde er ein bisschen weinen. Opa legt ihm den Arm um die Schultern.

„Ob es dein Stein ist, wissen wir nicht, Wim. Vielleicht hat ihn jemand hier verloren. Vielleicht hat die Elster ihn gestohlen. Elstern sind verrückt nach glänzenden Sachen."

„Ich hab gedacht ... dass es der Schatz von Donkerstede war, Opa."

„Weißt du was, Wim? Wir versuchen den Stein wiederzukriegen. Dann setzen wir eine Anzeige in die Zeitung. Und wenn sich niemand meldet, dann ... ja, dann ist es wahrscheinlich der Schatz von Donkerstede. Und dann gehört er dem ehrlichen Finder. Vielleicht hat die Elster in dem Turm ihr Nest. Sollen wir mal gucken, ob wir ihn ihr wegnehmen können?"

„In diesem unheimlichen Schloss, Opa?"

Oh, wäre er nur ein Bär! Dann würde er weglaufen. Dann würde er in eine tiefe Höhle

kriechen. Aber der Stein ... den will er auch gerne zurückhaben.

„Gut", sagt Wim.

Und schluckt.

Sie steigen bis zum Treppenabsatz hoch. Zwischen den Platten wächst Unkraut. An der hohen, breiten Eingangstür ist keine Spur von Farbe mehr zu sehen. Die Klinke ist abgebrochen. Sie drücken fest gegen die Tür. Das nützt nichts. Opa stochert mit seinem Taschenmesser im Schlüsselloch herum. Dann stoßen sie zusammen die knarrende Tür auf. Sie gehen hinein. Über ihren Köpfen beginnt es zu donnern.

„Gewitter", sagt Wim stammelnd. „Wir bekommen bestimmt ein Gewitter."

„Das kann nicht sein", sagt Opa. „Der Himmel ist vollkommen ..."

Plötzlich krachen ein paar Dachziegel auf die Treppe und mit einem Angstschrei fährt Wim zusammen.

„ ... vollkommen blau", beendet Opa seinen Satz.

Ganz still ist es jetzt. Nur den Wind hört man leise im Schornstein heulen. Ein Streifen Sonnenlicht fällt durch die Tür nach drinnen.

58

Ein junger Riese mit Knüppel

Wim und Opa schleichen durch das Schloss.
In einem Zimmer liegt ein Stuhl mit drei Beinen. Das abgebrochene Bein steht in einer
Ecke an der Wand.
„Das nehme ich mit", sagt Wim.
Es ist ein guter Knüppel. Man kann nie wissen, wozu man den noch braucht.
Die anderen Zimmer sind leer. Von der Decke
sind Putzbrocken runtergefallen. Die Tapete
hängt in Fetzen von den Wänden. An den
kahlen Stellen sitzt Schimmel. In allen Ecken
hängen Spinnweben. Es riecht nach vermo-
dertem Holz und nassen Steinen. Es riecht
sehr nach früher.

Da ist die Treppe.

Wim packt das Stuhlbein fester.

Hintereinander huschen sie nach oben, Opa voneweg.

Jede Stufe knarrt.

Ihre Füße wirbeln Staub auf.

„Vor langer Zeit", flüstert Opa, „haben hier die Ritter und edlen Damen von Donkerstede geschlafen."

„Warum sprichst du so leise, Opa?", fragt Wim flüsternd.

„In einem alten, leeren Schloss spricht niemand laut", flüstert Opa zurück.

Da bleibt Wim stocksteif stehen.

In der einer Zimmerecke liegen Zeitungsfetzen. Und die Fetzen … bewegen sich!

Wim kriegt kein Wort raus. Er kneift Opas Arm grün und blau.

Jetzt sieht Opa es auch. Er stampft mit den Füßen auf den Boden. Auf einmal kommen kleine, graue Wesen aus den Zeitungsfetzen zum Vorschein.

„Mäuse!", schreit Wim und lässt den Knüppel fallen.

Mehr als zwanzig sind es. Sie rennen aus allen Ecken, haarscharf an ihren Füßen vorbei.

Blitzschnell verschwinden sie in Löchern, Ritzen und Spalten.

Nur ein Mäuschen rennt hin und her. Es piepst vor Angst und verschwindet dann durch die Tür.

„Mäu-Mäuse!", piepst Wim.

„Arme Biester", sagt Opa.

„Sti-Stinkbiester! Ich hab mich furchtbar erschrocken."

„Mäuse haben mehr Angst als Menschen, Wim. Weißt du, was sie später ihren Mäusekindern erzählen werden?"

„Was denn, Opa?"

„Dass eines schönen Tages zwei Riesen vor ihnen gestanden haben. Ein alter Riese und ein junger Riese mit einem Knüppel."

Wim lacht zaghaft und hebt das Stuhlbein wieder auf. Opa legt ihm den Arm um die Schultern. Auf einmal fühlt Wim sich wieder richtig gut.

Opa reibt ein Stückchen Fensterglas sauber. Zusammen schauen sie nach den Wolken.

Die Wolkenritter von Donkerstede haben sich in Mäuse verwandelt. Kleine, ängstliche Mäuse flüchten über den blauen Himmel. Und die große Wolke in der Mitte …

Wim drückt seine Nase an der Fensterscheibe platt.

Die große Wolke ... das ist er selbst! Mit seinem Knüppel verjagt er die Mäuse.

„Komm", sagt Opa.

Die Treppe ist schmal und steil. Sie klettern nach oben. Es sind eine Menge Dachziegel vom Sturm herabgeweht worden. Und durch die Löcher kann Wim immer noch die flüchtenden Mäuse am Himmel sehen. Komisch ist das.

An der anderen Seite des Speichers ist ein niedriges Türchen. Schrittchen für Schrittchen gehen sie darauf zu. Opa lugt durch das Schlüsselloch. Dann legt er einen Finger auf die Lippen. Wim hält die Luft an und guckt auch mit einem Auge durch das Schlüsselloch.

Die Elster!

Sie sitzt auf einem abgebröckelten Mauerstück der Turmkammer. Und die Kette mit dem blauen Stein ... die hält sie in ihrem Schnabel.

„Wir müssen sie erschrecken", sagt Opa.

„Dann fliegt sie weg."

„Vielleicht lässt sie die Kette fallen, Wim!"

Mit einem grässlichen Schrei stößt Opa das

Türchen auf. Die Elster schreckt auf und mit einem Schrei fliegt sie weg.

„O nein!", rufen Opa und Wim.

Über die zerfallene Turmmauer schauen sie der Elster nach. Sie fliegt weg und die Kette baumelt in ihrem Schnabel. Der blaue Stein schimmert in der Sonne.

Wim stampft wütend mit dem Fuß auf. Opa setzt sich auf die Türschwelle und seufzt.

„Was für eine Pleite, Wim! Wir werden nie erfahren, ob das der Schatz von Donkerstede war."

„Nein", sagt Wim mit einem Schluchzer.

Und als ob das noch nicht genug wäre, sitzt auch noch eine Spinne genau über seinem Kopf.

„Mistspinne! Stinkspinne!", schreit er wütend und packt den Knüppel fester.

„Ach", sagt Opa beruhigend. „Schau mal, was für ein schönes Netz sie baut."

Wim lässt den Knüppel sinken und schaut grimmig zu der Spinne. Die kümmert sich nicht um Elstern und blaue Steine. Die hat genug mit ihrem Netz zu tun. Es muss genau in die Mauerecke passen. Sie spinnt Faden um Faden. Das wird ein richtiges Sonntagsnetz!

Wim schaut sich im Zimmer um. Vor langer Zeit saßen hier die Edelfräulein und warteten auf die Ritter. Während das Spinnrad surrte, schauten sie ab und zu durchs Fenster. Waren die Ritter schon im Anzug? Mit Kisten voll blauer Saphire?

Wim träumt.

Aber der Wind braust heftig durch die Zimmertür und nimmt den Traum mit.

„Komm", sagt Opa. „Meine Elsteraugen stechen. Wir kriegen bestimmt Regen."

Wim schreckt auf.

Die Wolken sind keine weißen Wolkenmäuse mehr. Es sind plumpe, graue Gefährten. Und sie erinnern nur an Regen.

Ein Cowboy auf dem Dach

Wim und Opa räumen die Reste des Picknicks weg. Sie falten die karierte Decke zusammen und stopfen alles wieder in die Tasche. Unter dem grauen Himmel sieht Donkerstede aus wie ein Schloss aus einer traurigen Geschichte. Der Ritter aus der Geschichte ist ziemlich arm. Elstern haben ihm alle blauen Saphire gestohlen. Jetzt hat er kein Geld mehr um sein Schloss zu unterhalten. Es gibt auch noch ein kleines Mädchen. Sie ist blind. Blind und unglücklich. Weil ihre Mutter tot ist. Und ihre Stiefmutter mag sie nicht. Und dann …

Dann ertönt ein wüstes Keckern.

„Herrschaftszeiten!", ruft Opa. „Schau mal da!"

Auf dem Dach des Pavillons, auf der verrosteten Kugel, sitzt die Elster.

Oh, was ist sie wütend!

„Sie hat sich bestimmt auf die Kugel gesetzt um auszuruhen. Was meinst du, Wim?"

„Ja, und dann hat sie die Kette fallen gelassen", flüstert Wim.

Die Kette ist an der Kugel hängen geblieben. Und so sehr die Elster auch daran ruckt und zieht, es nützt nichts. Wütend schlägt sie mit den Flügeln. Und sie schimpft unentwegt.

„Jemand muss auf das Dach", sagt Opa.

„Ja", sagt Wim.

Sein Herz klopft ihm in der Kehle.

Opa ist stark und kann alles. Deshalb vergisst man manchmal, dass er schon siebenundsiebzig Jahre ist. Und siebenundsiebzig Jahre, das ist alt. Opa kann wirklich nicht mehr einfach auf das Dach steigen. Das begreift Wim sehr gut.

Er packt den Knüppel fest.

„Ich gehe", sagt er.

Sein Mund ist plötzlich staubtrocken.

„Ich helfe dir", sagt Opa. „Was hast du mit
dem Knüppel vor?"
„Den nehme ich mit."
„Das geht nicht, Wim."
„Aber die El-Elster ..."
„Wenn sie dich sieht, haut sie ab."
Wim legt den Knüppel zur Seite.
Opa hebt ihn hoch. Wim legt seine Hände um
die Dachrinne.
„Kletter mal auf meine Schultern", ruft Opa.
So schwierige Sachen hat Wim noch nie ge-
macht. Er stellt sich so ungeschickt an, dass er
gegen Opas Nase tritt.
„Au!", brüllt Opa.
Aber dann steht er auf Opas Schultern. Er hält
sich an der Dachrinne fest und guckt zu der
Elster. Die Elster guckt auch zu ihm. Sie lässt
die Kette los. Sie spreizt die Flügel und mit
einem grässlichen Schrei fliegt sie weg. Um
die verrostete, eiserne Kugel hängt die Kette
mit dem Saphir.
„Noch etwas höher, Opa", schnauft Wim.
Mühsam zieht er sich auf das glatte, hölzerne
Dach. Und da liegt er dann auf dem Bauch
und schnauft. Der Schweiß läuft ihm über den
Rücken. Er schaut über die Schulter nach un-

ten. Steht Opa in einem Karussell? Die Wiese, die Bäume, das Schloss ... die ganze Welt dreht sich um ihn. Es wird dunkler und dunkler. Wim kneift die Augen zusammen. Und mitten in der düsteren, sich drehenden Welt fragt Opa: „Geht's, Cowboy?"

Cowboy, sagt Opa.

Ein Cowboy ist tapfer. Der kann reiten und unter Wasser schwimmen. Und der kann auch auf Dächer klettern.

Wim macht die Augen auf. Die Welt steht wieder still. Und da funkelt der Stein. Er krabbelt hoch. Mit einer Hand hält er sich an der Kugel fest. Mit der anderen Hand macht er die Kette los, die Kette mit dem wundervollen Stein. Er steckt sie tief in seine Tasche. Plötzlich fühlt er einen Tropfen in seinem Nacken.

„Es fängt an zu regnen!", ruft Opa von unten. „Komm, dann stellen wir uns im Pavillon unter."

Platsch! Ein eiskalter Tropfen auf seiner Wange.

Wo sind die weißen Abenteuerwolken? Der Himmel ist so grau! Vielleicht ... vielleicht gibt es auch noch ein Gewitter. Wim lässt die

Kugel los. Er fängt an zu rutschen. Er tastet nach der Dachrinne. Er fasst daneben. Er rutscht vom Dach.

Und dann fühlt er Opas eisenstarke Arme um sich. Opa stellt ihn mit beiden Füßen auf den Boden.

„Das ist ja noch mal gut gegangen", sagt er.

„J-ja", sagt Wim. „Ich war wie ein Cowboy auf dem Dach." Er holt den Edelstein aus seiner Tasche. Voller Bewunderung betrachten sie den himmelblauen Stein. Sie vergessen ganz, dass der Himmel über ihren Köpfen grau ist. Plötzlich beginnt es heftig zu regnen.

„Schnell, nach drinnen!", sagt Opa.

Und dann passiert es. Opa tritt in ein Loch und fällt.

„Opa!", kreischt Wim.

Ich bin kein Bär

„O mein Knie!", jammert Opa.
Er hat tiefe Falten im Gesicht. Solche Schmerzen hat er. Und es ist niemand, niemand da, der ihnen helfen könnte! Der Himmel wird noch dunkler und es regnet immer heftiger.
Verzweifelt legt Wim seine Arme um Opa.
„Komm, Opa. Du kannst doch nicht im Regen liegen bleiben ..."
Opa rappelt sich auf. Er stützt sich schwer auf Wims Schulter. Zusammen stolpern sie zum Pavillon. Dort lässt Opa sich auf den Boden sinken.
„Soll ich den Doktor holen?"
„Einen Arzt", murmelt Opa. „Das ist ... eine

gute Idee. Der Doktor wohnt direkt neben der Kirche. Traust du dich … ganz allein das ganze Stück zu fahren, Wim?"

Wim nickt entschlossen. Er stellt die Einkaufstasche neben Opa. Mit der Decke deckt er ihn zu.

„Das ist schön, Wim! Weißt du …"

Opa schließt die Augen und sitzt ganz still.

„Ja, Opa?"

„Solange du weg bist, lausche ich auf den Regen. Das höre ich gern."

Der Regen trommelt auf das Dach des Pavillons. Wim läuft hinaus. Er hebt den Knüppel auf.

„Wim?"

„Ja, Opa?"

„Du bist wirklich ein tapferer Cowboy. Bist du unterwegs auch vorsichtig?"

„Natürlich, Opa!"

Dann rennt er durch das hohe, nasse Gras davon. Am Waldrand weicht er zurück. So einen stockfinsteren Wald hat er noch nie gesehen. Oh, das ist ein Wald voller Monster, er weiß es sicher! Im Gebüsch verbergen sich Schlangen. Und in den Ästen sitzen Geier mit kahlen Köpfen.

Oh, wäre er nur ein Bär! Dann würde er bis zum tiefsten Loch der Welt rennen. Da würde er reinkriechen und nie mehr rauskommen. Ratlos schaut er sich um.

Es regnet und regnet. Durch den Regenvorhang sieht er den Pavillon. Könnte er sich nur in Opas starken Armen verkriechen! Aber Opa braucht selber Hilfe.

Zum Glück ... zum Glück hat er den Knüppel. Er packt ihn fest mit beiden Händen und rennt in den Wald hinein. Die Kiefernkronen biegen sich im Wind. Der Wald knarrt und stöhnt. Wim schaut nicht auf und dreht sich nicht um. Er springt über Baumwurzeln und duckt sich unter niedrigen Ästen durch. Sie peitschen in sein Gesicht. Die weißen Kelche der Zaunwinde zittern. Überall in dem dunklen Wald leuchten sie auf. Liebe Laternchen sind das.

Da rennt er schon aus dem Wald heraus. Keuchend bleibt er stehen und starrt auf den Baumstamm-Steg. Über den Stamm traut er sich nicht.

Mit Opa war es einfach. Opa stand auf der anderen Seite und hat gesagt „Komm!“ Opa zeigte seine eisenharten Fäuste. Deshalb war es nicht so unheimlich über den Baumstamm zu gehen. Auch wenn es in dem schwarzen Wasser von Krokodilen und Piranhas wimmelte.

Piranhas leben in den tiefen Flüssen in Brasilien, Wimmi Pimmi! Und Krokodile im Nil, würden Papa und Mama sagen. Aber Opa sagt: „Komm!"

Wim packt den Ahornast. Er setzt einen zitternden Fuß auf den Baumstamm. Der ist glatt und schmal und wackelt auf dem schwarzen Wasser. Er hält die Luft an.

Ein zweiter Schritt, ein dritter Schritt ... und dann krabbelt er an der anderen Seite das Ufer hinauf. Plötzlich merkt er, dass er den Knüppel noch in den Händen hält. Den Knüppel ... den hat er überhaupt nicht gebraucht. Es gab keine Schlangen und keine Geier mit kahlen Köpfen. Es gab keine Krokodile und keine Piranhas.

Vielleicht hat der blaue Stein ihm wirklich ein bisschen geholfen. Was hat Opa noch gesagt? Wer einen Saphir hat, bekommt immer Hilfe in der Not.

Wim schleudert den Knüppel in das schwarze Wasser. Dann rennt er am Graben entlang. Das

Pferd steht unter dem Baum, mitten auf der Wiese. Da schützt es sich vor dem Regen.

Wim nimmt sein Rad und stürmt los. Es schüttet wie aus Kübeln.

Unter dem grauen Himmel fühlt Wim sich sehr klein. Fast so klein wie eine Ameise. Und doch auch sehr groß und stark. Vielleicht so groß und stark wie ein Bär.

Er rast zum Dorf. Er schmeißt sein Rad gegen die Mauer vom Doktorhaus. Er drückt sehr lange auf den Klingelknopf. Im Gang hört er eilige Schritte. Der Doktor öffnet die Tür.

„Mein Opa!", keucht Wim. „Mein Opa ist gefallen! Er liegt im Pavillon von Donkerstede."

Der Doktor packt schnell seine Tasche.

„Bist du den ganzen Weg von Donkerstede mit dem Rad gekommen?"

Wim nickt.

„Ich finde dich riesentapfer!"

„Ach", sagt Wim. „Ich bin doch kein Bär, der sich in einem Loch verkriecht und seinen Opa im Stich lässt!"

Ein Mensch ist kein Baum

Der Regen trommelt auf das Autodach. Die Scheibenwischer peitschen hin und her. Wim sitzt neben dem Doktor. Er hat das Gefühl, dass er träumt. Aber immer, wenn er den blauen Saphir in seiner Tasche fühlt, weiß er, dass es kein Traum ist. Das Auto hält vor dem Gittertor von Donkerstede. Das Pferd steht jetzt dicht am Zaun. Regentropfen glitzern in seiner Mähne.

Was für schöne Augen das Pferd hat! denkt Wim plötzlich. Es stapft mit ihnen durch den Regen bis ganz dicht an den Baumstamm-Steg. Es schaut Wim mit feuchten Augen an. Der Doktor zieht die Augenbrauen hoch.

„Gibt es keinen anderen Weg?", fragt er.

„Nein", sagt Wim.

Es gibt nur diesen Abenteuerweg, denkt er dabei. Er greift nach dem Ahornast und geht zum anderen Ufer. Der Doktor reicht ihm seine Tasche. Dann schlittert auch er über den Stamm.

Wim rennt in den Wald. Er hört den Regen rauschen. Er hört auch, wie der Doktor schnaufend hinter ihm her rennt. Wim würde ihn gerne bitten, die weißen Kelche der Zaunwinden nicht zu zertrampeln. Sie sind so schön. Als er allein durch den dunklen Wald musste, waren es Laternchen. Aber vielleicht würde der Doktor das nicht verstehen. Und er hat auch keine Zeit es zu erklären. Im Pavillon wartet Opa.

Opa sitzt immer noch auf dem Boden. Die Decke hat er bis zu seinen Schultern hochgezogen. Der Regen trommelt auf das Dach.

„Oh, Doktor", sagt er mit einem tiefen Seufzer. „Mein armes Knie … Fall ich doch tatsächlich hin, Teufel noch mal!"

Der Doktor schiebt Opas Hosenbein hoch. Opas Gesicht und auch seine Arme sind ganz braun. Aber seine Beine sind käseweiß und sein Knie ist blau und geschwollen. Opa muss sein Bein beugen und strecken. Als der Doktor sein Knie abtastet, zieht Opa eine Grimasse vor Schmerz.

„Es ist nichts gebrochen", sagt der Doktor. Erleichtert lehnt Opa sich zurück. Der Doktor schmiert Opas Knie mit Salbe ein. Er wickelt einen Verband darum und sagt: „Ich lege das Rad in den Kofferraum, und dann bringe ich euch beide nach Hause."

Natürlich murrt Opa. Aber als Wim und der Doktor ihm aufhelfen und er auf seinen Beinen steht, nickt er. „Das müssen wir wohl so machen. Denn ich glaube, dass es eine Mistsalbe ist, Doktor."

„Eine Mistsalbe?", ruft der Doktor aus. „Mein Knie ist noch kein bisschen besser!"

„Ich kann keine Wunder tun. Du musst ein paar Tage ruhig liegen und dann ist alles wieder in Ordnung."

„Natürlich." Opa grinst. „So ein starker Baum wie ich wird bequem hundert."

Auf die Schultern von Wim und dem Doktor gestützt, hinkt Opa aus dem Pavillon. Wim trägt die Picknicktasche. Bevor sie in den Wald stapfen, kneift Opa Wim in den Arm.

„Ich will noch eben nach dem Schloss schauen", sagt er.

Deshalb bleiben sie stehen. Aber Wim weiß genau, dass es nicht ist, weil Opa an ihr Abenteuer denkt. Er hat vor Schmerzen tiefe Falten im Gesicht. Und er will etwas ausruhen.

Ein Mensch, denkt Wim, ist kein Baum.

Es dauert beinah eine Viertelstunde, bis sie am Baumstamm-Steg sind. Der Abenteuerweg ist noch nie so lang gewesen. Erst schlittert der Doktor über die Brücke ans andere Ufer. Dann stellt er seine Tasche ab und streckt den Arm aus.

Und Opa?

Opa tut, als würde er die Hand nicht sehen. Er will immer alles alleine machen. Das weiß Wim. Aber ... Opa hat ihm doch auch geholfen.

Wim schlüpft an ihm vorbei. Mit drei Schritten ist er über den Baumstamm.

„Komm", sagt er zu Opa.

Wie Opa es zu ihm gesagt hat.

Kurz tanzen Lachfalten um Opas Augen. Dann packt er den Ahornast. Und er hält sich auch an der ausgestreckten Hand von Wim fest. Er setzt sein krankes Bein auf den Baum-

stamm. Und langsam, Schrittchen für Schrittchen, geht er auf die andere Seite.

Erleichtert atmen sie alle drei auf. Das Pferd
wiehert fröhlich.

„Tag, Pferd", sagt Wim leise.

Sie nehmen Opa wieder zwischen sich und
gehen zum Auto. Dort lässt sich Opa todmü-
de auf die Rückbank fallen. Wim und der
Doktor legen das schwere, schwarze Rad in
den Kofferraum. Wim setzt sich neben Opa.
Der Regen pladdert auf das Autodach. Und
Opa flüstert Wim ins Ohr: „Wenn ich zu
Hause bin, reibe ich Kampferöl auf mein
Knie. Das ist besser als Mistsalbe."

Ein Regenbogen
über dem Birkenplatz

Wim und Opa sind wieder zu Hause. Es regnet nicht mehr. Eine wässrige Sonne bricht durch die Wolken. Über dem Birkenplatz erscheint ein Regenbogen.
Auf jedem Zweig und auf jedem Blatt glitzern Regentropfen. Die Amseln singen laut und fröhlich.
Opa sitzt auf einem Stuhl, das Bein auf einer Bank. Er wickelt den Verband ab. Das Knie ist inzwischen gelb und blau mit violetten Tupfen und grünen Streifen.
„Was für ein schönes Gemälde!", sagt Opa.

Er lacht. Aber Wim sieht ganz deutlich, dass ihm der Sinn überhaupt nicht nach Lachen steht.

„Was sollen wir jetzt machen, Opa?"

„Wir werden mein Bein mit Kampferöl einschmieren. Das ist die beste Medizin auf der ganzen Welt. Kampferöl mache ich selbst. Schau mal in dem Schränkchen nach."

In dem Schränkchen stehen jede Menge Döschen. Auf jedes Döschen ist ein Streifen Papier geklebt. Auf jedem Streifen steht, was in dem Döschen ist. Es gibt Döschen für Mottenkugeln, für Knöpfe, für Briefmarken … und für Papierstreifen. Auch ein braunes Fläschchen steht darin. Da hat Opa *Kampferöl* draufgeschrieben.

Opa schmiert sein Knie mit dem Kampferöl ein. Es riecht furchtbar stark.

Es riecht nach früher, denkt Wim. Es riecht nach früher und nach Pfefferminze. Nach Mottenkugeln und Anis. Der Geruch erfüllt das ganze Haus.

Zusammen wickeln sie einen neuen Verband um Opas Knie. Der Verband ist über zwei Meter lang. Opa nickt zustimmend.

„Das fühlt sich schon viel besser an, Wim."

84

Dann humpelt er zum Spülstein. Er füllt eine Zinkwanne mit eiskaltem Wasser.

„Von kaltem Wasser kriegt man starke Muskeln, Wim. Und wie schmuddelig wir aussehen!"

Wim schaut in den Spiegel. Er hat einen Schlammklecks auf der Stirn und die Backe ist braun verschmiert.

„Daran kann man sehen, was für ein Abenteuer wir erlebt haben, Opa!"

„Ich wollte immer Abenteuer erleben, Wim. Jetzt bin ich sicher, dass ich eins erlebt habe."

„Es war kein Nil-Abenteuer."

„Nein, so spannend war es nicht."

Opa tunkt seinen Kopf in das kalte Wasser und schnauft und bläst und prustet. Zu Hause lässt Mama immer heißes Wasser in die Wanne und gibt gut riechenden Schaum dazu. Und dann legt sie weiche Handtücher zurecht, ein rosafarbenes und ein weißes. Im Haus am Birkenplatz gibt es kein Badezimmer. Opa benutzt immer weiße Seife und ein grobes, dunkelblaues Handtuch.

Als er fertig ist, füllt er die Wanne wieder mit kaltem Wasser.

„Jetzt bist du dran, Wim."

Den Kopf untertauchen … nein, das traut
Wim sich nicht. Aber er spritzt wohl eine
Handvoll Wasser in sein Gesicht und schnauft
und prustet noch heftiger.
„Das war wie ein Kopfsprung in ein Eskimo-
Schwimmbad, Opa!"
Sie ziehen saubere Sachen an und gehen nach
draußen. Der Regenbogen ist immer noch
da.
„Anna fand Regenbogen so schön", sagt Opa
leise.
„Oh", sagt Wim.
Er lächelt Opa an. Opa lächelt ihn an. Er legt
ihm eine Hand auf die Schulter und so gehen
sie durch den Garten.
In den Blüten der Margeriten sitzen Regen-
tropfen. Im Licht des Regenbogens sehen sie
aus wie rosa Diamanten.
Zusammen suchen sie sechs schöne Margeri-
ten aus.
„Von jedem von uns drei", sagt Opa.
Er stellt sie in die Vase neben Omas Bild. Es
dauert ziemlich lange. Er ordnet sie immer
wieder neu.
Vielleicht erzählt er Oma jetzt das ganze
Abenteuer, denkt Wim.

Vorsichtig legt er den blauen Stein neben das Bild. Die Uhr tickt die Minuten weg.

Dann sagt Opa: „Jetzt haben wir noch was Schwieriges zu tun, Wim."

„Was denn, Opa?"

„Wir müssen zum Büro der Zeitung gehen."

„Geht das denn mit deinem schlimmen Bein, Opa?"

„O ja, mein Kampferöl ist nicht so gut wie das von Oma, aber im Augenblick reicht es. Wir müssen eine Anzeige in die Zeitung setzen: *Wer ist der Besitzer von dem blauen Saphir?* Und vielleicht … vielleicht musst du ihn zurückgeben."

Wie ein blauer Stern glänzt der Stein im Zimmer.

„Das macht nichts, Opa", sagt Wim. „Ich find es doch toll, dass ich so ein Abenteuer erlebt habe!"

Abenteuerwolken

„Was bist du braun geworden, Wim!", sagt
Mama.
Sie küsst ihn auf beide Backen und Papa
strubbelt ihm durch die Haare.
„Hast du uns vermisst, Wimmi?"
„Dafür hatte ich keine Zeit!", sagt Wim.
Darüber müssen alle lachen. Opas stilles Haus
ist auf einmal voller Unruhe. Dann sehen
Papa und Mama, dass Opa hinkt. Beide wol-
len sein Knie sehen. Widerwillig rollt Opa das
Hosenbein hoch. Aber jetzt sehen sie das
Knie immer noch nicht! Jetzt sehen sie nur
den weißen Verband.

„Es ist ein Verband von hier bis an die Kirche", sagt Opa. „Er ist gut angelegt, das spüre ich. Wim hat mir geholfen. Ich hab keine Lust ihn abzuwickeln. Außerdem hab ich mein Knie mit Kampferöl eingerieben."

„Kampferöl!", rufen Mama und Papa. „Hat der Arzt gesagt, dass du Kampferöl drauftun sollst?"

„Natürlich nicht", sagt Opa. „Der Doktor hat mir eine Mistsalbe gegeben. Die hat kein bisschen geholfen."

„Aber Kampferöl, da gibt es heute Besseres!"

„Als ob die neuen Sachen so gut wären", brummt Opa. „Kampferöl ist gut gegen blaue Flecken und Verstauchungen und Rheuma und Krämpfe und Rückenschmerzen ... Kampferöl hilft immer."

„Du solltest besser mit uns nach Hause fahren", schlägt Mama vor. „Dann musst du nicht kochen. Und keine Besorgungen machen. Wir stellen einen Stuhl auf den Balkon. Und da kannst du dich den ganzen Tag schön erholen!"

„Den ganzen Tag erholen macht keinen Spaß", sagt Opa. „Und außerdem: Wer soll sich um den Garten kümmern? Wer soll Unkraut jäten? Wer soll frische Blumen neben Annas Bild stellen?"

Wim schaut Opa an.

Vom zehnten Stock sieht man die ganze Stadt vor sich liegen. Die Möwen fliegen einem direkt vor der Nase vorbei. Manchmal sitzen Tauben auf dem Balkongeländer. Die picken einem Brotkrümel aus der Hand. Das ist lustig. Und trotzdem ist es nicht der richtige Platz für Opa. Opa gehört hierher, in das stille Haus auf dem Birkenplatz. In der Stadt ist zu viel Lärm. Da könnte er nicht mal mit Oma sprechen.

„Ich kann auch gerne noch eine Woche länger bleiben", sagt Wim.

Er lacht über die Gesichter von Mama und Papa. Ihre Augen fallen ihnen fast wie Murmeln aus dem Kopf. Opas Gesicht wird ganz hell. Und da wird es Wim plötzlich ganz warm.

„Ich kann einkaufen gehen", sagt er. „Ich kann abwaschen und Dosensuppe kochen. Ich kann Unkraut rupfen und Margeriten pflücken. Ich kann Staub wischen und die Betten machen."

„Was hast du dich verändert!", rufen Mama und Papa.

Hat Opa doch Recht, wenn er sagt, dass jeder Mensch sich jeden Tag ein bisschen verändert?

„Das kommt durch das Abenteuer", erklärt Wim.

„Welches Abenteuer?", fragen Papa und Mama.

Und dann erzählt Wim alles vom Saphir von Donkerstede.

Mama schlägt vor Bewunderung die Hände zusammen und flüstert: „Was für ein wundervoller Stein."

Opa nickt und lacht. Wim erzählt auch von der Anzeige in der Zeitung.

„Bis jetzt hat sich noch niemand gemeldet", sagt Opa. „Vielleicht ist es doch der Schatz von Donkerstede. Und Wim ist der ehrliche Finder."

„Aber ohne dich hätte ich das Abenteuer nicht erlebt, Opa!"

„Und ohne so einen tapferen Cowboy wie dich läge ich jetzt noch frierend im Pavillon."

„Findest du wirklich, dass ich ein tapferer Cowboy bin, Opa?"

„Und ob! Mach mal deine Augen zu."
Wim kneift die Augen zusammen.
„Siehst du uns zusammen in dem Boot auf dem Nil, Wim?"
„Toll, Opa!"
Ein weißes Boot tanzt auf den grünen Wellen des Nils. Mit geschlossenen Augen kann Wim das genau sehen.
„Da sitze ich, auf dem Achterdeck", sagt Opa. „Ich werfe meine Angel aus. Wir müssen doch ein Fischchen braten zum Abendessen."
„Lecker!", sagt Wim.
Die Sonne zaubert kleine Sterne auf die Wellen. Und zwischen den Sternen zappelt ein Fisch an der Angel.
„Was für ein Biest!", ruft Opa. „Dann gehe ich an die Reling um mir das Mordsbiest mal anzusehen. Oh, das ist schlecht! Weil da auch noch ein Krokodil mit einem leeren Bauch ist. Und dem steht der Sinn nach einem Häppchen Menschenfleisch."
„Oh, nein", flüstert Wim.
Im grünen Wasser blitzen scharfe Zähne auf.
„Au! Das Mistvieh beißt mich ins Knie!", brüllt Opa.
Er flucht lauthals. Wim flucht auch.

„Fluch nicht", sagt Opa. „Das gehört sich nicht."

„Herrschaftszeiten! Ich hab mich erschrocken, Opa! Aber ich packe schnell meinen Knüppel. Ich gebe dem Krokodil einen Schlag auf den Kopf. Davon stirbt es bestimmt nicht. Aber jetzt muss es erst mal eine Million Sternchen zählen."

Im grünen Nil funkeln Sonnenlichtsternchen. Wim macht die Augen auf. Er ist wieder in Opas Haus. Papa und Mama lachen. Sie fanden die Geschichte bestimmt lustig. Sie wissen nicht, dass sie für Wim und Opa beinahe wahr ist.

Später fahren Papa und Mama nach Hause. Zusammen mit Opa winkt Wim dem Auto hinterher, bis es um die Ecke verschwindet. Opa hinkt noch ein bisschen. Aber nicht mehr so schlimm. Und die Schmerzfalten sind verschwunden.

„Hast du es schon gesehen, Wim?", fragt Opa.

„Was denn?"

Opa zeigt in den Himmel.

Die Regenwolken sind verschwunden. Der Himmel ist wieder blau. Saphirblau. Und prächtige weiße Wolken ziehen darüber. Die sehen aus wie rauchende Vulkane und geheimnisvolle Inseln. Oder tanzende Indianer und fröhliche Cowboys. Oder schlafende Krokodile, springende Delfine und geflügelte Pferde. Sie sehen aus wie weiße Segelboote und noch tausend andere Dinge.

Wim packt Opas Hand und lacht.

„Jetzt sind es wieder richtige Abenteuerwolken!"

anrich

Wer hat Angst vorm Knöchelkneifer?

Tijn und die Hausgespenster
von Bies van Ede
fest gebunden
144 Seiten, ab 8

Tijn hat Angst: im Duschvorhang lauert das Vorhang-
gespenst, im dunklen Zimmer hockt der Kleiderlump auf
dem Stuhl, unter seinem Bett wartet der Knöchelkneifer
und in der Garderobe der Jackenschreck. Und das sind
noch längst nicht alle Hausgespenster.
Alle warten sie nur darauf, ihn zu erwischen. Eine Zeit-
lang kann Tijn sie mit seinen quietschenden Turnschuhen
in Schach halten, aber eines Nachts ...
Eine phantasievolle und witzige Geschichte über die ganz
normale Angst im Dunkeln und wie Tijn damit fertig
wird.